Petra Führmann/Nicole Hoefs

Erziehungsspiele für Hunde

KOSMOS

Inhaltsverzeichnis

Zu diesem Buch

In diesem Buch finden Sie Spiele und Tricks auf einen Blick, die Sie zu Hause oder auf dem täglichen Spaziergang mit Ihrem Hund machen können. Aber auch Erziehungsspiele, die bereits einen guten Gehorsam voraussetzen, sind hier zu finden. Spaß und Abwechslung stehen jedoch immer im Vordergrund. Trotzdem möchten wir Ihnen gerne einige Anmerkungen mit auf den Weg geben, bevor es losgeht.
Der Basisgehorsam sollte insgesamt »sitzen«. Beim Training in unserer Hundeschule beziehen wir, insbesondere bei den vielen stark unterforderten Hüte- und Jagdhunden, Beschäftigungsspiele in den Unterricht mit ein. Hierbei zeigt sich oft, dass viele Hunde zunächst große Probleme beim Erlernen von Tricks haben. Dies, so ist unsere Erfahrung, liegt häufig daran, dass die Kommunikation zwischen Mensch und Hund zu Beginn noch von vielen Missverständnissen geprägt ist. Sei es, dass der Hund mit einem wahren Sermon an Hörzeichen überschüttet wird, ohne dass ihm jemals gezeigt wurde, was überhaupt von ihm gewollt wird, sei es, dass der Hund prinzipiell gelernt hat, seinen Menschen zu ignorieren, und zunächst nicht bereit ist, etwas für seinen Zweibeiner zu tun. Aus eben diesen Gründen sollte

Ein zufriedenes Team. Petra Führmann mit ihrem Australian Shepherd »Shean«.

die Kommunikationsstruktur zwischen Hund und Besitzer geklärt sein, denn sonst bleibt der Spaß auf der Strecke. Sozial aggressive Hunde sollten einem erfahrenen Hundetrainer vorgestellt werden. Hunde, die ihren Menschen aggressives Verhalten entgegenbringen, könnten die Anstrengungen ihres Zweibeiners, ihnen beispielsweise eine Rolle beizubringen, durchaus missverstehen. Kinder sollten mit Hunden ausschließlich unter Anleitung von Erwachsenen üben, und dies auch nur dann, wenn der Hund kooperativ und freudig Kindern gegenüber ist.
Insgesamt sollten Sie nicht zu schnell vorgehen und keinesfalls falschen Ehrgeiz entwickeln. Nicht alle Hunde bringen die Arbeitsbegeisterung eines Border Collies mit. Die Erziehungsspiele sollen nicht nur den Hund auslasten, sondern auch die Attraktivität des Besitzers steigern. Fordern Sie Ihren Hund daher nicht so lange, bis er sich lustlos abwendet. Optimal ist es, alle Übungen zu einem Zeitpunkt abzubrechen, zu dem der Hund noch genügend Begeisterung zeigt. Diejenigen Leser, die mit dem Prinzip des Clickers vertraut sind, können selbstverständlich alle Übungen mit diesem bestärken. Und nun viel Spaß!

Fuß durch eine enge Gasse.
Nicole Hoefs mit ihrem Dobermann »Brian«.

Schritt 1: Blickkontakt aufnehmen!

Schritt 2: Interessantmachen des Objektes.

In kleinen Schritten zum Ziel

Bei allen anspruchsvolleren Tricks und Übungen müssen Sie sich darüber im Klaren sein, dass Sie das gewünschte Verhalten des Hundes in den seltensten Fällen »auf einmal« hervorrufen können.

Viel sinnvoller ist es, das Verhalten zu formen. Bei den meisten Übungen beginnt man mit allerkleinsten Schritten und bestärkt schon Ansätze in die richtige Richtung. Falls Sie nicht mit dem Clickertraining vertraut sind, dann sollten Sie ein eindeutiges Wort verwenden, um Ihrem Hund klarzumachen, dass er auf dem richtigen Weg ist. Möglich ist z. B. ein freudiges JA oder GUT. Darauf muss natürlich immer ein Lob und eine Belohnung folgen. Praktisch ist es auch, wenn Sie Ihrem Hund sagen können, dass er einen falschen Ver-

Schritt 3: Die richtige Handlung lobend unterstützen.

Schritt 4: Geschafft! Jetzt ein dickes Lob.

such gemacht hat. Hier bietet sich ein neutrales FALSCH an. Bitte verwenden Sie nicht NEIN, da dies im Alltag sicher schon negativ besetzt ist. NEIN sollten Sie nur für Aktionen verwenden, die Ihr Hund grundsätzlich unterlassen soll. Besetzen Sie das FALSCH also nicht negativ, sondern sagen Sie es in neutralem Tonfall. Sobald der Hund ein Verhalten in die richtige Richtung zeigt (eventuell müssen Sie sich mit allerkleinsten Schritten zufriedengeben), quittieren Sie das mit JA oder GUT. Wenn das Verhalten öfter gezeigt wird, dann schrauben Sie die Anforderungen ein wenig höher. Erst ganz am Ende, wenn das Verhalten schon zuverlässig gezeigt wird, kommt ein Hör- und/oder Sichtzeichen hinzu.

Am besten lässt sich das an einem Beispiel verdeutlichen:

Das Targetstick-Training

Diese Übung stammt aus dem Clickertraining und eignet sich ausgezeichnet, um das Prinzip des Formens zu erlernen.

Lernziel

Der Hund soll mit der Nase das markierte Ende (oder die Kugel) des Targetsticks berühren. Er soll nicht hineinbeißen.

Hilfsmittel

- Rundstab (Baumarkt) oder Fliegenklatsche.
- Verwenden Sie einen Rundstab, dann markieren Sie das eine Ende des Stabes mit einem bunten Klebeband oder einer Kugel.

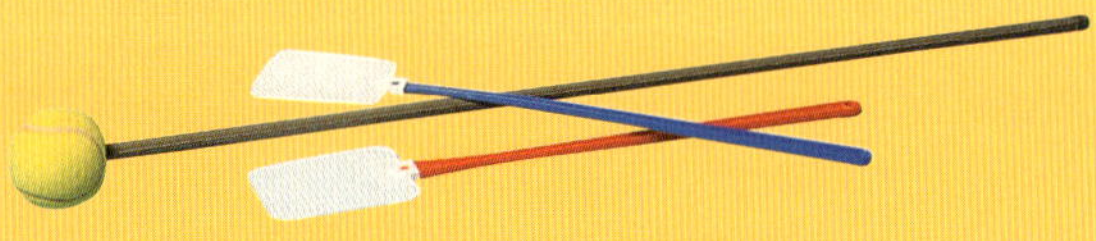

Paula schnuppert schon interessiert.

Schritt 1: Interesse wecken

Sie halten Ihrem Hund den Stab vor die Nase, er wird daran schnuppern, Sie rufen begeistert JA und belohnen Ihren Hund. Zeigt er gar kein Interesse, kann man den Stab auch mit Wurst einreiben. Nach einigen Wiederholungen folgt unter Umständen eine längere Durststrecke. Ihr Hund starrt Sie erwartungsvoll an und ignoriert den Stab. Bleiben Sie

Sie berührt den Targetstick mit der Schnauze ...

... und wird sofort dafür belohnt. Gut gemacht!

geduldig, wedeln Sie ein wenig mit dem Stab vor seiner Nase herum und loben Sie ausgiebig, wenn er auch nur in die Richtung des Stabes blickt.

Schritt 2: Der Hund sieht den Stab an

Ihr Hund blickt nun den Stab an. Belohnen Sie dies einige Male, bevor Sie mit der Übung fortfahren.

Schritt 3: Das Formen

Nun belohnen wir nicht mehr das bloße Anblicken, sondern erwarten, dass der Hund sich ein wenig dem Stab nähert, diesen eventuell sogar schon berührt. Bei manchen Hunden kann es durchaus 10 bis 20 Minuten dauern, bis »der Groschen fällt«. Die meisten Hunde begreifen diesen Schritt jedoch sehr schnell.

Legen Sie in diesem Stadium keinerlei Wert darauf, wo der Hund den Stab berührt, das ist derzeit völlig egal. Auch wenn er den Stab mit dem Maul umfasst, belohnen wir dies.

Schritt 4: Berühren mit der Schnauze

Als nächstes möchten wir erreichen, dass der Hund nicht mehr in den Stab beißt, sondern ihn nur noch mit der Schnauze berührt. Wir ignorieren also alle »falschen« Versuche und belohnen nur noch Berührungen, kein Hineinbeißen mehr. Es ist egal, an welcher Stelle des Stabes!

Schritt 5: Das Stabende berühren

Falls Ihr Hund sehr eifrig ist, können Sie einfach alle Fehlversuche ignorieren. Lässt er sich dadurch zu schnell entmutigen, dann müssen Sie es ihm etwas leichter machen, indem Sie ihm die falsche Handlung (Berühren des Stabes an einer anderen Stelle) erschweren. Sie können z. B. den Stab so fassen, dass nur noch das Ende herausschaut. Dadurch wird der Hund zunächst gehindert, einen Fehler zu machen.

Paula hat es begriffen und folgt dem Stab mit der Schnauze.

Nun können Sie den Hund auch auf Distanz schicken.

Kein Problem für Paula!

Schritt 6: Hörzeichen einführen

Erst wenn Sie den Stab in alle möglichen Richtungen halten können, und der Hund ihm zuverlässig folg, um ihn zu berühren, können Sie ein Hörzeichen einführen.

Sobald Ihr Hund das Berühren des Stabes gut beherrscht, können Sie den Stab für alles Mögliche verwenden: FUSS-Training (besonders gut bei kleinen Hunden), Vorausschicken, den Hund auf etwas klettern lassen etc.

Rolle

Lernziel
Ihr Hund legt sich hin und rollt einmal um sich selbst, entweder auf Ihr Hör- oder auf Ihr Sichtzeichen.

Voraussetzungen und Hilfsmittel
- Leckerchen
- Targetstick, falls Ihr Hund bereits das Targetstick-Training beherrscht.
- Ihr Hund kann PLATZ.

Schritt 1: Platz als Startposition
Zuerst legen Sie Ihren Hund ins PLATZ. Dann drehen Sie ihn sanft auf die Seite. Wehrt er sich, nehmen Sie ein Leckerchen in die Hand und animieren ihn damit, während Sie ihn mit den Händen sanft niederdrücken. Den Kopf darf er oben lassen. Nun zeigen Sie ihm ein weiteres Leckerchen und führen es in einem Bogen von seiner Nase zu seinen Rippen hin. Er wird mit dem Kopf folgen, und wenn er sozusagen zu seinem Schwanz schaut, bekommt er das Leckerchen.

Bereits für diese Position gibt es zu Beginn ein Leckerchen.

Schritt 2: Langsam steigern
Mit jeder Wiederholung führen Sie das Leckerchen immer weiter in Richtung Rücken, bevor der Hund es bekommt. Manche Hunde rollen sich dann schon von alleine weiter. Gehört Ihr Hund nicht dazu, üben Sie so lange, bis er dem Leckerchen willig folgt, und rollen ihn dann herum, indem

Das Leckerchen zeigt die Richtung.

Gut gemacht!

Sie seine Beine in die Hand nehmen. Danach darf er sofort aufspringen. Sie loben ihn, und er bekommt noch ein Leckerchen.

Schritt 3: Hör- und Sichtzeichen einführen

Nun können Sie ein Hand- und/oder Hörzeichen einführen. Sie geben das Zeichen und fangen mit der Übung an. Seien Sie geduldig. Es ist nicht nötig, dass der Hund gleich am ersten Tag die Rolle perfekt lernt. Besonders Fleißige können natürlich auch verschiedene Hör- oder Sichtzeichen für jede Richtung einüben. Gerade Hütehunde sind für jede zusätzliche geistige Anregung dankbar.

Machen Sie große Schritte!

So kann der Hund bequem hindurchlaufen.

Zickzack durch die Beine

Lernziel
Der Hund läuft Slalom durch die Beine des Menschen, während dieser vorwärts geht.

Voraussetzungen und Hilfsmittel
- Stimmiges Größenverhältnis: Hund sollte so »klein« sein, dass er zwischen Ihren Beinen hindurchlaufen kann.
- Leckerchen oder Lieblingsspielzeug

Schritt 1: Mit Leckerchen oder Spielzeug locken
Beginnen Sie mit dem Hund direkt neben sich. Machen Sie mit nur einem Bein einen großen Schritt nach vorne, während der Hund neben Ihnen sitzt. Nun ermuntern Sie den Hund, unter Ihren Beinen hindurchzulaufen. Zeigt Ihr Hund Hemmungen, locken Sie ihn mit einem Leckerchen oder einem Spielzeug hindurch. Verlangen Sie jetzt nicht sofort einen zweiten Durchgang, sondern belohnen Sie Ihren Hund direkt für den ersten richtigen Schritt.

Slalom durch die Beine ist Gymnastik ...

... für Mensch und Hund.

Machen Sie jetzt mit dem anderen Bein einen weiteren großen Schritt nach vorne. Wieder locken Sie den Hund zwischen Ihren Beinen hindurch und belohnen ihn. Dies können Sie jetzt mehrere Schritte lang wiederholen. Beginnen Sie jeden neuen Durchgang mit der Ausgangsstellung: Sie stehen und Ihr Hund sitzt neben Ihnen (während der Lernphase sollte der Hund immer auf der gleichen Seite sitzen, dies erleichtert ihm den Lernvorgang). Beherrscht der Hund diese Übung gut, können Sie auch von der anderen Seite beginnen.

Schritt 2: Hörzeichen einführen

Nach einigen Durchgängen können Sie ein Hörzeichen einführen. Wir verwenden für diese Übung das Kommando WEAVE (englisch: Weben). Falls Sie auch Agility trainieren, verwenden Sie bitte auf keinen Fall das gleiche Hörzeichen wie für den Agility-Slalom, damit Sie Ihren Hund nicht verwirren. Geben Sie das Hörzeichen während der Ausgangsstellung, kurz bevor Sie den ersten Schritt machen, und wiederholen es, während Sie den Hund durch Ihre Beine locken. Machen Sie zu Beginn übertrieben große Schritte.

Mohra kann es kaum erwarten.

Schnell zu Frauchen!

Sprung durch den Reifen

Lernziel
Der Hund springt durch einen Reifen.

Voraussetzungen und Hilfsmittel
- Hörzeichen HOPP
- Passender Reifen (erhältlich in Spielzeuggeschäften in verschiedenen Größen)

Schritt 1: Der Reifen steht auf dem Boden
Als Erstes stellen Sie den Reifen auf den Boden. Locken Sie Ihren Hund mit einem Leckerchen oder einem Spielzeug hindurch. Schimpfen Sie den Hund nicht, wenn er versucht,

um den Reifen herumzulaufen. In diesem Fall bekommt er weder Lob noch Belohnung. Klappt dies nicht, benötigen Sie eine Hilfsperson, die den Hund festhält und ihm keinen anderen Weg als durch den Reifen hindurch ermöglicht.

Schritt 2: Reifen anheben

Sobald Ihr Hund zuverlässig seinen Weg durch den Reifen nimmt, können Sie diesen ein klein wenig vom Boden anheben. Wählen Sie jetzt am besten das Kommando HOPP. Sobald auch diese Übung mit einer Sprunghöhe von etwa 10 cm gut klappt (für sehr große Hunde können Sie auf ca. 20 cm erhöhen), können Sie das Hörzeichen auf REIFEN ändern.

Variante: Sprung durch die Arme

Der Hund springt seitlich durch Ihre Arme. Nehmen Sie zu Beginn eine Hilfsperson, die mit ihren Armen einen Reifen formt. Sie sollte zunächst tief in die Hocke gehen. Nehmen Sie durch den »Reifen« Blickkontakt auf und rufen Sie Ihren Hund mit dem gewohnten Hörzeichen hindurch.

Statt eines Reifens kann man auch die Arme nehmen, durch die Mohra hier ohne Probleme springt.

Hierzu bedarf es Geduld ...

... und Spucke!

Spanischer Schritt

Lernziel

Der Hund hebt beim langsamen Vorwärtslaufen abwechselnd beide Vorderbeine übertrieben hoch und gerade nach vorne.
Diese Übung kann besonders gut auch mit Musik geübt und vorgeführt werden.

Vorausetzungen und Hilfsmittel

- Der Hund kann bereits Pfote geben.
- Leckerchen

Schritt 1: Winken mit beiden Vorderpfoten

Üben Sie zunächst Winken auf Hörzeichen für beide Vorderbeine (beispielsweise erst Hörzeichen PFOTE und dann das Hörzeichen ANDERE). Die meisten Hunde bieten aus

Der perfekte Tanzschritt.

Verzweiflung bei der erneuten Aufforderung von sich aus die andere Pfote an.

Schritt 2: Üben aus dem STEH

Klappt es mit beiden Beinen abwechselnd, wenn Sie vor dem Hund stehen, üben Sie aus dem STEH heraus. Die meisten Hunde haben damit schon Schwierigkeiten, also bleiben Sie geduldig.

Schritt 3: Position verändern

Erst wenn die vorherige Stufe klappt, dann können Sie Ihre Position langsam verändern, bis Sie neben Ihrem Hund stehen. Als zusätzliches Signal können Sie selbst Ihr Bein hochnehmen. Dies wird dann nach und nach zum alleinigen Signal für den »Spanischen Schritt«.

Variante: Übung mit dem Targetstick

Alternativ können Sie auch ein Targetstick-Training machen, nur dass der Hund mit der Pfote und nicht mit der Nase den Stab berührt.
Achtung: Entweder sehr sorgfältig mit einem gut unterscheidbaren Hörzeichen aufbauen oder (leichter für den Hund) einen anderen, deutlich unterscheidbaren Stab verwenden. Beispielsweise eine Fliegenklatsche für die Nase und einen Holzstab für die Pfoten.

Auf dem Ball balancieren

Voraussetzungen und Hilfsmittel

- Für kleine bis maximal mittelgroße Hunde.
- Bei unsicheren und nervösen Hunden sollten Sie auf diesen Trick verzichten.
- Ein der Größe des Hundes angepasster Ball.

Schritt 1: Übung mit einer Hilfsperson

Entweder klemmen Sie den Ball zunächst so ein, dass er nicht wegrollen kann oder eine zweite Person hält ihn fest. Heben Sie jetzt Ihren Hund auf den Ball. Lassen Sie ihn keinesfalls los, sondern halten Sie ihn fest und loben ihn. Für die ersten Male genügen wenige Sekunden. Wiederholen Sie dies mehrfach. Achten Sie dabei aber darauf, dass der Hund nicht die Lust verliert. Fühlt sich Ihr Hund weiterhin unsicher, kann es helfen, dass eine dritte Person Ihrem Hund auf dem Ball eine schmackhafte Mahlzeit serviert. Keinesfalls dürfen Sie Ihren Hund loslassen, bevor er sich sicher und wohl auf dem Ball fühlt. Dies wird etliche Trainingseinheiten in Anspruch nehmen.

Vertrauen ist hier die wichtigste Voraussetzung.

Schritt 2: Freies Stehen auf dem Ball

Der nächste Schritt besteht darin, dass der Hund auf dem Ball steht, ohne dass er festgehalten wird. Dazu üben Sie jetzt, dass der Hund freiwillig hinauf und hinunter springt. Immer noch muss dabei der Ball festgehalten oder gut fixiert werden. Auch hierbei kann eine Hilfsperson nützlich sein.

Iris fixiert den Ball mit den Knien.

Wenn das kein Lob wert ist!

Schritt 3: Vorsichtig am Ball wackeln

Verlangen Sie nun, dass Ihr Hund ruhig stehen bleibt, und wackeln Sie zur Gewöhnung ein kleines bisschen am Ball. Sinnvoll ist auch hier eine Hilfsperson, die den Hund seitlich noch etwas festhält. Bitte nicht am Halsband festhalten, damit der Hund nicht versehentlich gewürgt wird. Verwenden Sie vorsichtshalber ein Brustgeschirr.

Schritt 4: Langsam rollen

Nun können Sie beginnen, den Ball langsam zu rollen. Es kann eine Weile dauern, bis der Hund versteht, dass er ruhig auf dem Ball laufen muss, um nicht herunterzufallen. Auch hier kann es hilfreich sein, wenn eine zweite Person den Hund leicht festhält und stützt. Seien Sie nicht betrübt, wenn Sie diesen Schritt nicht erreichen.

Bellen auf Kommando

Voraussetzungen und Hilfsmittel

- Ein nicht zu »maulfauler« Hund
- Leckerchen oder Spielzeug

Schritt 1: Bellsituation herbeiführen

Wenn Sie möchten, dass Ihr Hund auf ein Zeichen hin bellt, benötigen Sie erst einmal eine Situation, in der Ihr Hund von sich aus Laut gibt. Während der Hund also bellt, feuern Sie ihn an und verwenden immer wieder Ihr neues Hörzeichen z. B.: GIB LAUT. Natürlich dürfen Sie dann eine Belohnung nicht vergessen. Wenn Ihr Hund nun aufhört zu bellen, um sich die Belohnung zu holen, können Sie gleichzeitig das Hörzeichen RUHIG geben. Bei einem »stillen« Hund müssen Sie mit kleinen Schritten anfangen und schon ein leises Winseln belohnen. Ein Leckerchen oder ein begehrtes Spielzeug kann dabei zur Motivation dienen. Zeigen Sie es Ihrem Hund, ohne es ihm zu geben, und machen Sie ihn »heiß« darauf. Notfalls binden Sie ihn an und entfernen sich einige Schritte von ihm. Fordern Sie ihn jetzt auf, zu Ihnen zu kommen und sich seine Belohnung zu holen. Beim geringsten Laut laufen Sie schnell zu ihm zurück und geben ihm seine Belohnung. Dies wiederholen Sie so lange, bis Ihr Hund begriffen hat, dass er durch seinen Laut die Belohnung erhält.
Falls Ihr Hund besonders schön winseln kann, können Sie bereits jetzt ein Hörzeichen für dieses Verhalten etablieren.

Der Hund kommt nicht an sein Spielzeug heran ...

... und fängt aus Verzweiflung an zu Bellen.

Auch die Fingeranzahl kann Signal für das Bellen werden.

Schritt 2: Anforderungen erhöhen

Nun sollten nur noch die deutlicheren und längeren Lautäußerungen belohnt werden. Während der ganzen Prozedur können Sie immer gleichzeitig das Hörzeichen RUHIG üben. Belohnen Sie Ihren Hund für das Bellen (oder zu Beginn für das Winseln) und erst beim Kauen seines Leckerchens bzw. seines Spielzeugs, geben Sie das Hörzeichen RUHIG. Auch dies wird wieder belohnt.

Bringen von Gegenständen

Lernziel
Der Hund bringt auf das Hörzeichen APPORT das vom Menschen angezeigte Spielzeug.

Voraussetzungen und Hilfsmittel
- Der apportierfreudige Hund bleibt ruhig sitzen oder liegen, wenn Sie einen Gegenstand werfen, bis Sie das Hörzeichen LAUF geben.
- Einige Gegenstände zum Apportieren.

Schritt 1: Werfen von zwei Gegenständen
Der Hund wartet in der SITZ-oder PLATZ-Position und Sie werfen nacheinander zwei Gegenstände; einen nach rechts und einen nach links. Beim ersten Mal sollte der Hund angeleint sein. Jetzt geben Sie Ihrem Hund ein deutliches Sichtzeichen, welches der beiden Spielzeuge er holen soll, und laufen gemeinsam mit ihm dort hin. Eventuell können Sie schon nach einigen Schritten zurückbleiben und den Hund alleine laufen lassen.

Kanne oder Korb? Das ist hier die Frage!

Schritt 2: Ablauf variieren
Wenn Sie diese Übung öfter wiederholen, sollten Sie unbedingt darauf achten, dass Sie nicht immer den gleichen Ablauf abspulen. Beispielsweise sollten Sie den Hund nicht immer zu dem zuletzt geworfenen Spielzeug schicken, sonst wird er auch in Zukunft immer dieses holen wollen.

Wie war das noch mal?

Na klar, die Kanne!

Wenn Sie auf dieser Stufe angelangt sind, stehen Ihnen noch viele Möglichkeiten offen:

- Sie erweitern die Anzahl der geworfenen Gegenstände. Hierbei müssen Sie natürlich darauf achten, dass Sie dem Hund über Körpersprache noch deutlicher signalisieren, welchen Gegenstand er wann holen soll. Ist Ihr Hund besonders clever, können Sie natürlich auch Hörzeichen für die verschiedenen Spielzeuge einführen.
- Werfen Sie die Gegenstände in hohes Gras oder Gestrüpp.
- Noch schwieriger wird es, wenn Ihr Hund längere Zeit (einige Minuten) warten muss, bevor er das Spielzeug suchen darf.

Wie praktisch, wenn der Hund sein Spielzeug selbst aufräumt.

Mit etwas Hilfe fällt das Dummy in die Kiste.

Spielzeug aufräumen

Lernziel

Ihr Hund räumt sein umherliegendes Spielzeug selbst auf. Er kann schon einige Spielzeuge unterscheiden.

Voraussetzungen und Hilfsmittel

- Ihr Hund trägt bzw. apportiert gerne und lässt Spielzeug auf Befehl fallen.
- Verschiedene Spielzeuge
- Kiste oder Korb

Schritt 1: Sie stehen hinter der Spielzeugkiste

Legen Sie ein Spielzeug mitten im Raum auf den Boden, während Ihr Hund zusieht. Animieren Sie ihn, es sich zu nehmen. Achtung: Verwenden Sie besser nicht das gewohnte Hörzeichen fürs Apportieren, da Ihr Hund das Spielzeug später wegräumen und nicht zu Ihnen bringen soll. Nun positionieren Sie sich so, dass die Kiste zwischen Ihnen und Ihrem Hund steht. Rufen Sie Ihren Hund. Wenn er mit dem Spielzeug im Maul vor Ihnen steht, brauchen Sie nur noch das Hörzeichen AUS und das Spielzeug fällt in die Kiste. Mit Lob nicht sparen, auch wenn das Spielzeug daneben fällt.

Schritt 2: Übung variieren

Klappt dies, sollten Sie variieren. Schließlich denkt Ihr Hund im Moment womöglich, dass er das Spielzeug zu Ihnen bringen soll. Verändern Sie zunächst Ihre Position an der Kiste, z. B. neben statt hinter der Kiste stehen.

Hilfe, es klappt nicht!

Wenn Ihr Hund es gar nicht kapieren will, müssen Sie die Verhaltenskette eventuell von hinten ausführen. Sie üben also in dieser Reihenfolge:

- **Der Hund steht vor der Kiste und lässt das Spielzeug fallen. Geben Sie dem Hund das Spielzeug direkt vor der Kiste, dann verlangen Sie AUS.**
- **Der Hund steht einen Schritt weg von der Kiste.**
- **Der Hund befindet sich mehrere Schritte von der Kiste entfernt.**
- **Der Hund nimmt Spielzeug selbstständig auf und läuft zur Kiste (4 bis 5 Schritte!).**

Fährtensuche

Lernziel

Der Hund soll einer menschlichen Fußspur folgen. Er sucht dabei übrigens nicht nur den Geruch des Menschen, sondern lernt auch, sich an der so genannten Bodenverletzung zu orientieren. Diese entsteht durch niedergedrückten Boden bzw. Grashalme. Gleichzeitig verliert ein Mensch bei jedem Schritt viele kleinste Hautpartikel, die hinter ihm zu Boden sinken.

Voraussetzungen und Hilfsmittel

- Geeignete Jahreszeit: Frühjahr oder Herbst
- Geeignetes Wetter: weder zu trocken noch zu windig; kein gefrorener Boden
- Geeigneter Ort: eine kurz gemähte Wiese (frühmorgens mit Tau!) oder – mit Einverständnis des Bauern – ein frisch geeggter Acker oder ein Acker mit noch kurzem grünen Getreide (max. 10 cm hoch). Gut besuchte Parkwiesen sind ungeeignet, da der Hund hier durch zu viele Fremdgerüche abgelenkt werden kann.

Die Lieblingsbeschäftigung fast aller Hunde.

- Mehrere Schnipsel geschnittener Wurst oder gekochten Fleisches (max. 0,5 cm groß).
- Ein Stöckchen oder einen großen Stein (für den Fährtenabgang).
- Eine kurze Leine.
- Eventuell einen Erdanker (im Fachhandel erhältlich), um Ihren Hund am Feldrand anbinden zu können.

Da war doch was ...

... ich riech es ganz genau!

Schritt 1: Binden Sie Ihren Hund an

Binden Sie Ihren Hund mit Sicht zum gewählten Feld oder zur Wiese an. Verlangen Sie nicht SITZ oder PLATZ, wenn Sie sich nicht ganz sicher sind, dass Ihr Hund das auch befolgt!

Ihr Hund soll Sie zumindest bei Ihrer Tätigkeit genau beobachten können. Das stärkt sein Interesse.

Schritt 2: Entfernen Sie sich vom Wegrand

Nun gehen Sie einige Schritte vom Wegrand weg (dort ist i.d.R. noch zu viel geruchliche Ablenkung für den Anfang) in das Feld hinein. Auf eingesäten Feldern sollten Sie parallel zur Furche bzw. Saatreihe arbeiten.

Dies erleichtert es Ihnen und Ihrem Hund, der Spur zu folgen (vorher Genehmigung des Bauern einholen).

Auf heißer Spur

Schritt 3: Stampfen Sie ein Dreieck

Stampfen Sie ein Dreieck (Kantenlänge ca. 50 cm) in den Boden. Neben das Dreieck legen Sie Ihren Stein bzw. stecken das Stöckchen in die Erde, um den Anfang Ihrer Fährte später wiederzufinden (»Fährtenabgang«). Die Spitze des Dreiecks weist auf den Beginn der geplanten Fährte. Sie sollten dieses Dreieck oder die Fährte nicht mehr verlassen, um Ihren Hund nicht zu irritieren. Auf dem Dreieck verteilen Sie ca. 5 kleine Leckerchen.

Schritt 4: Legen Sie die Fährte aus

Legen Sie an die Spitze des Dreiecks ein Leckerchen und treten mit einem Fuß darauf. Bewegen Sie den Fuß ein wenig hin und her, damit ein deutlicher Fußabdruck entsteht. Lassen Sie den Fuß stehen und legen Sie ein weiteres Futterbröckchen einen winzig kleinen Schritt weiter vor sich. Hierauf treten Sie mit Ihrem anderen Fuß. So arbeiten Sie sich Schritt für Schritt einige Meter geradeaus. Die Schritte sollten sich berühren, d. h. nur leicht nebeneinander versetzt sein. Somit ist die Fährte für den Hund leichter zu identifizieren.

Der Fährtenabgang.

Falls vorhanden, orientieren Sie sich an der Furche (parallel dazu laufen!) oder an einem Geländepunkt (Baum, Pfosten etc. nicht an einer Wolke!). Diese allererste Fährte sollte ca. 10 bis 15 Meter lang sein. Am Ende der Fährte legen Sie Leckerchen aus, die von der Fährte aus nicht sichtbar sein sollten. Also entweder eine Bodenvertiefung ausnutzen oder ein kleines Loch graben. Der Hund soll diese ja finden und nicht schon aus der Entfernung sehen.

Die Vorbereitung für das große Suchen beginnt.

Legen Sie in jeden Fußabdruck ein Leckerchen.

Schritt 5: Verlassen Sie die Fährte

Mit einem großen Schritt verlassen Sie seitlich die Fährte und gehen in einem großen Bogen von der Fährte weg zu Ihrem Hund zurück.

Schritt 6: Warten Sie einige Minuten

Warum? Wenn Sie die Fährte legen, ist der Geruch der Bodenverletzung am größten, ufert seitlich aus (je nach Wind und Windrichtung). Außerdem sind alle von Ihnen »verlorenen« Hautpartikel noch am Niedersinken. Das Geruchsbild der Fährte ist also groß und breit. Nach ca. 10 Minuten sind die Hautpartikel zu Boden gesunken und der Geruch hat sich auf die eigentliche Fährte konzentriert. Für den Hund ist es dann am einfachsten, die Fährte zu erkennen. Je älter die Fährte, desto schmaler wird sie.

Schritt 7: Es geht los!

Nehmen Sie Ihren Hund an die kurze Leine und gehen Sie mit ihm zum Fährtenabgang (unser getrampeltes Dreieck). Halten Sie ihn fest und bleiben Sie einen Schritt vor dem Fährtenabgang stehen.

Schritt 8: Feuern Sie Ihren Hund an

Jetzt zeigen Sie mit der Hand auf den Boden und feuern Ihren Hund mit SUCH etc. an. Versuchen Sie zu verhindern, dass er über dem Dreieck »kreiselt«, damit er den Beginn der Fährte findet. Wenn Ihr Hund langsam und konzentriert das ganze Dreieck abschnüffelt – wunderbar! Versuchen Sie nicht, ihn schneller zu machen oder voranzutreiben. Bleiben Sie neben oder hinter Ihrem Hund. Keinesfalls dürfen Sie voranlaufen! Ist Ihr Hund hektisch, bleibt aber auf der Fährte, dann lassen Sie das ebenfalls zu. Falls er ein oder mehrere Leckerchen nicht findet, dann ziehen Sie ihn nicht zurück, gehen Sie weiter und folgen Sie ihm. Versuchen Sie immer zu verhindern, dass er auf der Fährte umkehrt. Schnuppert er nur rechts oder links über den Rand hinaus, dann lassen Sie ihn, er orientiert sich, wo die Fährte weitergeht. Er sucht mit der Nase, nicht mit den Augen.

Wie lange es dauert, bis der Hund die erste Fährte abgesucht hat, ist ganz unterschiedlich. Manche Hunde suchen wirklich bedächtig Schritt für Schritt ab und finden jedes Leckerchen. Manche hingegen stürmen über die Fährte und sind in null Komma nichts am Ende angelangt. Beides ist in Ordnung, korrigieren Sie es nicht.

Schritt 9: Der Hund wird belohnt

Ist Ihr Hund am Ende der Fährte angelangt, lassen Sie ihn die Leckerchen fressen, loben ihn dabei und entlassen ihn mit LAUF oder dem sonst von Ihnen verwendeten Freigabewort. Wenn er dann selbstständig auf der Fährte zurückläuft, lassen Sie ihn ruhig.

Wenn Sie möchten, können Sie jetzt eine zweite Fährte legen (nur bei suchbegeisterten Hunden). Sie müssen aber darauf achten, dass diese weit genug weg von Ihrer ersten ist (mindestens 10 bis 20 Meter bei Windstille!). Hierbei müssen Sie auch Ihren Weggang vom Fährtenlegen und vom Absuchen mit einrechnen.

Der Hund wird am Fährtenabgang angesetzt ...

... und sucht nun Schritt für Schritt nach den Leckerchen.

Eigenidentifikation

Der Hund identifiziert einen von mehreren gleich aussehenden Gegenständen, der Ihren Geruch trägt.

Voraussetzungen und Hilfsmittel

- Das Hörzeichen SUCH sollte der Hund kennen.
- Mehrere gleich aussehende Gegenstände (z. B. Wäscheklammern aus Holz) oder Tücher.

Bitte achten Sie darauf, dass Sie die Wäscheklammern neu kaufen und die Tücher eventuell waschen, damit sie nicht Ihren Geruch annehmen können. Nach der Reinigung bzw. dem Kauf dürfen Sie die Gegenstände nicht mehr mit der Hand berühren, sondern können z. B. eine Grillzange benutzen. Bewahren Sie die »neutralen« Gegenstände in einer fest verschließbaren Kiste auf.

Schritt 1: Gegenstände auslegen

Den zu suchenden Gegenstand tragen Sie für einige Zeit am Körper oder in der Hand. Nun legen Sie den Gegenstand (ohne dass Ihr Hund zusieht) auf der Wiese oder in

Der neutrale Gegenstand wird mit einer Grillzange ausgelegt.

der Wohnung aus und einen weiteren neutralen (mit der Grillzange!) ein kleines Stück daneben.

Schritt 2: Lassen Sie den Hund suchen

Jetzt können Sie Ihren Hund holen und ihn mit dem Hörzeichen SUCH zu den Gegenständen schicken. Sobald er sich mit dem richtigen Gegenstand auseinandersetzt, d. h. ihn intensiv beschnuppert, können Sie Ihr Bestätigungs-

Shean sucht den Gegenstand, der nach Frauchen riecht ...

... und bringt ihn zu ihr zurück.

wort oder den Clicker einsetzen. Zu Beginn muss der Hund den Gegenstand noch nicht eindeutig identifizieren oder gar bringen.

Schritt 3: Suchen mehrerer Gegenstände

Mit der Zeit können Sie immer mehr Gegenstände auslegen. Ein apportierfreudiger Hund kann sie dann auch bringen. Diese Übung macht viel Spaß und ist auch gut zum Vorführen geeignet! Vergessen Sie nie, den Gegenstand vorher geruchlich kenntlich zu machen.

Wichtig

Merken Sie sich gut, welches »Ihr« Gegenstand ist! Unterstützen Sie Ihren Hund bei der Suche (z. B. mit dem Clicker).

Die Tabudecke

Für gemeinsame Badeausflüge oder Picknicks ist es sehr praktisch, wenn Ihr Hund Ihre Decke nicht betritt.

Voraussetzungen und Hilfsmittel

- Eine Decke (für die ersten Übungen immer die gleiche Decke verwenden).
- Hörzeichen GEH WEG und NEIN sollte der Hund beherrschen.

Schritt 1: Ablenkungsreize ausschließen

Üben Sie zu Beginn in ablenkungsfreier Umgebung (z. B. Wohnung, Garten, ruhige Wiese). Breiten Sie die Decke aus, ohne Ihren Hund dabei zu beachten. Viele Hunde sind nun sehr erfreut und möchten auf der Decke Platz nehmen. Schicken Sie ihn mit NEIN oder GEH WEG von der Decke runter. Notfalls helfen Sie ihm, indem Sie ihn von der Decke schupsen. Loben Sie Ihren Hund genau in dem Moment, indem er sich mit allen vier Pfoten von der Decke entfernt hat.

Ob diese Decke wohl für mich ist?

Schritt 2: Schwierigkeitsgrad steigern

- Setzen Sie sich auf die Decke und beschäftigen sich erst einmal mit etwas Uninteressantem (in den Augen Ihres Hundes), z. B. Lesen.

Ich probiere es einfach einmal aus.

Es ist wohl besser, wenn ich die Decke nicht betrete!

- Greifen Sie in Ihre Tasche, in der Sie Ihre Leckerchen aufbewahren. Steuert Ihr Hund jetzt freudestrahlend auf Sie zu, schicken Sie ihn wieder von der Decke herunter.
- Kullern Sie ein Leckerchen auf der Decke umher.

- Packen Sie etwas Wohlriechendes zum Essen aus, z. B. ein Wurstbrot.
- Bei spielbegeisterten Hunden kann natürlich auch ein Spielzeug als Versuchung dienen.

Schritt 3: Entfernen Sie sich ein paar Schritte

Widersteht Ihr Hund all diesen Versuchungen, während Sie sich auf der Decke befinden, ist es an der Zeit, den nächsten Schwierigkeitsgrad einzuführen. Legen Sie einige Leckerchen oder Ähnliches auf die Decke und entfernen Sie sich ein paar Schritte. Passen Sie gut auf, dass Ihr Hund nicht an die Leckerchen herankommen kann. Es ist nicht erforderlich, dass Sie zu Beginn mehr als einige Schritte weggehen können.

Schritt 4: Sitz oder Platz verlangen

Als Nächstes verlangen Sie von Ihrem Hund SITZ oder PLATZ (einige Schritte von der Decke entfernt) und begeben sich auf die andere Seite der Decke (ebenfalls einige Schritte entfernt). Rufen Sie jetzt Ihren Hund. Läuft er auf die Decke zu (mit der Absicht, diese zu überqueren), laufen Sie ihm schnell entgegen und signalisieren ihm mit Hör- und Sichtzeichen, dass er die Decke nicht betreten darf. Akzeptiert er dies (wahrscheinlich stoppt er und schaut Sie verwirrt an), laufen Sie zur Seite von der Decke herunter und rufen ihn erneut.

Setzen Sie Ihren Hund vor die Decke und rufen Sie ihn zu sich her. Er darf die Decke jedoch nicht berühren.

Dieser Hund weiß, was Frauchen will.

Er läuft um die Decke herum.

Wiederholen Sie diese Übung so oft, bis Ihr Hund auf dem Weg zu Ihnen um die Decke herumläuft.
Die meisten Hunde benötigen hier Hilfestellung durch eine eindeutige Körpersprache. Zeigen Sie dem Hund den richtigen Weg mit weit ausholender Armbewegung. Loben Sie ihn, wenn er bei Ihnen ist.

Wichtig

Wiederholen Sie diese Übung an verschiedenen Orten, damit Sie ortsgebundenes Lernen vermeiden. Hat Ihr Hund die Übung verstanden, können Sie auch andere Decken verwenden.

Hier wird ein spielender Hund als Ablenkung genutzt.

Diese Übung ist sehr anspruchsvoll und nur für Fortgeschrittene.

Platz unter Ablenkung

Variante 1: Spielzeug als Ablenkung

Legen Sie Ihren Hund ins PLATZ und spielen Sie in einiger Entfernung von ihm allein mit seinem Lieblingsspielzeug. Zunächst sollten Sie hierbei nicht zu sehr »aufdrehen«. Diese Übung ist schwer für den Hund, und zu Beginn reicht es, seinen Ball o. Ä. dezent in 2 bis 3 Meter Entfernung hin und her zu kicken. Je zuverlässiger der Hund hierbei abliegt, desto stärker darf die Verleitung sein (Spielzeug wird schneller und mit mehr Begeisterung bewegt).
Steht Ihr Hund einmal auf, wird er ruhig, aber bestimmt korrigiert. Dem ruhigen Ablegen sollte nach dem Hörzeichen LAUF immer ein begeistertes Spiel mit dem Hund folgen.

Variante 2: Spielzeug wegwerfen

Das Spielzeug oder der Hundekuchen wird in hohem Bogen möglichst weit weggeworfen. Der Hund befindet sich dabei im PLATZ oder SITZ. Mit LAUF wird er aus dem Hörzeichen

Der liegende Hund hat die Übung verstanden, ...

und wird ebenfalls mit einem tollen Spiel belohnt.

entlassen. Direkt nachdem er einige Meter gelaufen ist, erfolgt ein weiteres Hörzeichen PLATZ. Dieses Abliegen sollte nur kurz sein, damit der Hund sofort zur Belohnung für die schnelle Befolgung des Hörzeichens mit LAUF zum Objekt seiner Begierde entlassen werden kann.
Zu Beginn der Übung sollten Sie Ihren Hund noch durch eine Schleppleine sichern, damit Sie ihn beeinflussen können.
Gleichzeitig sollten Sie sich in unmittelbarer Nähe des Hundes befinden, um besser einwirken zu können.

Variante 3: Platz mit zwei Hunden

Lassen Sie zwei Hunde, die sich kennen und verstehen, miteinander spielen und verlangen gleichzeitig Hörzeichen PLATZ. Achten Sie darauf, dass dies zu Beginn nicht gerade in einem Moment der höchsten Spielfreude geschieht, sondern zu einem Zeitpunkt, zu dem die Hunde schon etwas ausgetobt sind. Eine sehr schwierige Übung! Bitte üben Sie aus Fairness Ihrem Hund gegenüber nur mit fremden Vierbeinern, die dieses Hörzeichen auch befolgen.

Die Reizangel als Ablenkungsreiz. Hut ab vor so viel Disziplin.

Variante 4: Ablenkung mit der Reizangel

Eine weitere Herausforderung kann das Training von PLATZ bzw. SITZ und BLEIB unter Zuhilfenahme einer sog. Reizangel sein. Diese können Sie ganz leicht selbst basteln: Ein langer Stock oder Besenstiel, an dessen Ende Sie eine Schnur befestigen, an deren Ende wiederum ein Spielzeug gehängt werden kann.

Zunächst wedeln Sie ein bisschen in einiger Entfernung vom Hund, der natürlich abgelegt ist, mit der Reizangel herum. Die Entfernung können Sie im Laufe der Zeit verringern. Auch diese Übung ist i. A. für den sitzenden Hund schwieriger durchzuführen als für den liegenden. Für den Anfang ist es sicherlich leichter, wenn Sie eine Hilfsperson beauftragen, mit der Reizangel tätig zu werden. So können Sie direkt neben dem Hund bleiben und ihn gegebenenfalls korrigieren. Nochmals: Bei allen beschriebenen Übungen ist es von Bedeutung, den Hund sofort nach erfolgreicher Übung zu belohnen und zwar genau mit der von Ihnen eingebauten Verleitung. Viele Hundefreunde verlangen SITZ oder PLATZ von ihrem Hund und lassen ihn dann aus den Augen, gehen beispielsweise in ein Geschäft, in den Keller o. Ä. Darauf sollten Sie verzichten, da der Hund sonst nicht korrigiert werden kann. Sie können sich hingegen durchaus ein Mal um die Ecke verstecken, nachdem Sie den Hund ins PLATZ gelegt haben, aber immer so, dass Sie ihn noch durch den Türspalt beobachten und korrigieren können.

Tipp

Bei Hunden, die über Spielzeug nicht zu motivieren sind, kann auch ein Hundekuchen verwendet werden. Er wird an das Ende der Reizangel gehängt.

Diesen Trick mögen alle Hunde!

Erziehungsspiele für Gruppen

Ein Spaziergang mit Freunden eignet sich wunderbar ...

... für ein paar Übungen.

Voraussetzungen

Eine Warnung vorweg: Spiele mit Hunden in der Gruppe machen sehr viel Spaß, allerdings sollte das auch für die beteiligten Hunde gelten.

Manche Menschen neigen im Eifer des Gefechtes dazu, hektisch und damit vielleicht grob zu werden (Rucke an der Leine, laute Hörzeichen etc.). Dies ist natürlich für die Erziehung allgemein kontraproduktiv und für den Hund nicht besonders lustig. Bei vielen Wettspielen kann man vorbeugen, in dem man eine exakte oder auch die besonders langsame Ausführung »belohnt«.

Es sollte nicht immer auf Schnelligkeit ankommen.

Lee wird aus der Gruppe gerufen ...

... und rennt schnell zu Frauchen. Hier wird sie belohnt.

Außerdem müssen rassespezifische und individuelle Besonderheiten beachtet werden: Herdenschutzhunde bestehen i. A. auf einen besonders großen Individualabstand und werden schnell gereizt, wenn dieser häufig unterschritten wird. Dies kommt natürlich auch bei anderen Hunden individuell mehr oder weniger ausgeprägt vor.

Hunde, die in ihrem Ausbildungsstand noch nicht genügend weit fortgeschritten sind, sollten an den anspruchsvolleren Spielen nicht teilnehmen. Sie lernen sonst womöglich, dass sie ihren Menschen beim ausgelassenen Treiben ignorieren können und die Befolgung von Hör- und Sichtzeichen inmitten anderer Hunde und Menschen nicht notwendig ist.

Erziehungsspiele für Gruppen

Auf die Plätze, fertig ...

... los!

Hundewettrennen

Hilfsmittel

Stoppuhr(en), Flatterbänder (um Rennstrecke zu markieren), eventuell Würstchen (für erschwerte Bedingungen).

Spielanleitung

Hundewettrennen machen den meisten Hunden sehr viel Spaß. Der Ablauf ist einfach: Eine mehr oder weniger lange Strecke wird festgelegt und mit Flatterband markiert. Der Hund wird von einem Helfer am Start festgehalten und der Besitzer läuft bis zum Ziel, um den Hund dann von dort aus zu rufen und anzufeuern.
Die Festlegung des Siegers erfolgt entweder im K.O.-System, d. h. immer zwei Hunde laufen parallel und der Gewinner kommt eine Runde weiter (bei vielen Hunden sehr zeitaufwändig) oder durch Ermittlung der Zeit. Natürlich sollte beim K.O.-System auf eine möglichst ausgeglichene

Im Tiefflug ...

... ins Ziel!

Zusammenstellung der »Gegner« geachtet werden. Oder es wird durch Los bestimmt.
Wenn Sie je einen Preis für den schnellsten und den langsamsten Hund ausschreiben, können auch kleine und alte Hunde teilnehmen!

Varianten

- Der Besitzer läuft mit seinem Hund (frei oder an der Leine, dabei darf der Hund nicht gezogen werden).
- Für Fortgeschrittene: Hunde müssen im SITZ oder PLATZ am Start selbstständig warten.

Erschwerte Bedingungen

- Auf der Hälfte der Strecke steht ein netter Mensch mit Bratwurst etc. in der Hand und lockt die Hunde ...
- Die etwas leichtere Variante: Ein Mensch sitzt mit leckerem Wurstbrötchen am Streckenrand, ohne die Hunde dabei anzusprechen.

Sitz – Platz – Fuß

Voraussetzungen
Die teilnehmenden Hunde beherrschen die Übungen SITZ und PLATZ.

Spielanleitung - Aufstellung der Teilnehmer
Alle Menschen stellen sich in einer Reihe nebeneinander auf (Hunde angeleint, Fortgeschrittene ohne Leine). Eine Person, der Spielleiter, steht in Entfernung (spannend wird es eigentlich erst ab 30 oder mehr Metern) mit dem Rücken zur Hunde/Menschenreihe.

Der Spielleiter beginnt zu rufen
Der Spielleiter ruft nun laut und langsam: »SITZ, PLATZ, FUSS!«.
Währenddessen versuchen alle Teilnehmer, mit ihren Hunden so weit wie möglich auf den Spielleiter zu zu laufen. Dabei darf nicht gerannt werden, nur schneller Schritt ist erlaubt. Sonst sind die Hunde und Menschen mit langen Beinen zu sehr im Vorteil.

Die Teilnehmer in gespannter Erwartung am Start.

Der Spielleiter hebt den Arm
Wenn der Spielleiter bei »FUSS« angekommen ist, hebt er den rechten oder linken Arm. Vorher wird festgelegt, was dies bedeutet: Beispielsweise rechter Arm: Hunde machen SITZ, linker Arm: Hunde machen PLATZ.

Rechter Arm nach vorne: Alle Hunde schnell ins Platz!

Langsam kommt die Gruppe dem Spielleiter näher.

Je nach Schwierigkeitsgrad dreht sich der Spielleiter mehr oder weniger schnell um. Alle Hunde, die jetzt noch nicht sitzen bzw. liegen, müssen entweder hinter die Gruppe oder bis an die Startlinie zurück. Derjenige, der schließlich beim Spielleiter ankommt, wird sein Nachfolger.

Eierlauf

Voraussetzungen und Hilfsmittel

Die Hunde sollten halbwegs ordentlich an der Leine laufen. Der Parcours kann im Schwierigkeitsgrad angepasst, als einfaches Wettrennen oder auch als Hindernislauf gestaltet werden. Als Hilfsmittel benötigen Sie gekochte Eier!

Spielanleitung

Selbst Hunde, die sehr gut frei BEI FUSS laufen können, sollten an die Leine genommen werden! Als kleine Schwierigkeit wird die Leine übers Handgelenk gelegt – und zwar an dem Arm, der auch das Ei trägt. Die zweite Hand darf nicht zu Hilfe genommen werden!

Der Eierlauf mit angeleintem Hund hat den Vorteil, dass keine Zerrerei stattfinden kann. Außerdem dienen sie erbarmungslos der Kontrolle des Ausbildungsstandes.

Möglichkeiten zur Streckengestaltung

- Slalom laufen.
- SITZ bzw. PLATZ an bestimmten Stellen verlangen.

Den »Eierlauf« spielen Sie am besten angeleint.

- Agility-trainierte Hunde können auch auf den Agility-Tisch springen. Dies ist besonders schwierig, da die meisten Hunde zum Tisch vorauslaufen wollen!
- Der Mensch setzt sich auf den Stuhl (oder den Agility-Tisch), der Hund muss SITZ oder PLATZ machen. Handelt es sich ausschließlich um Agility gewohnte Hunde, dann kann es schwierig werden, sie davon abzuhalten, auf den Tisch zu springen.

Mit dem Ei auf dem Löffel …

… gehen Mensch und Hund konzentriert über die Wiese.

- Der Hund muss vor dem Tunnel sitzen, die Leine wird losgelassen (hierbei darf natürlich die zweite Hand zu Hilfe genommen werden). Der Hund wird durch den Tunnel geschickt, am anderen Ende in Empfang genommen. Man verlangt wieder SITZ und leint ihn an.
- Laufsteg und Wippe können ebenfalls eingebaut werden.
- Die Strecke führt an einer Picknickdecke mit Köstlichkeiten vorbei oder muss einmal umrundet werden.

And the winner is …

Wenn der Parcours sehr schwierig gestaltet wird, sollte keine Zeitmessung erfolgen, sondern diejenigen, die durchkommen, haben gewonnen.
Beim Herunterfallen des Eis sollte auch zwei- bis dreimal (bei Anfängern ruhig auch noch öfter) die Möglichkeit gegeben werden, weiterzulaufen. Es soll Hund und Mensch Spaß machen.

Was kommt als nächstes? Geser bringt schon mal den Gegenstand für den »Fuchs«.

Der Fuchs geht um

Voraussetzungen und Hilfsmittel

Die teilnehmenden Hunde sind leinenführig und beherrschen SITZ. Auch hier gelten die grundsätzlichen Voraussetzungen für Gruppenspiele (siehe S. 44). Der »Fuchs« benötigt einen Gegenstand zum Fallen lassen.

Spielanleitung – Bilden eines Kreises

Alle Hundebesitzer stehen im Kreis mit Blickrichtung nach innen. Die Hunde sitzen angeleint (oder frei je nach Ausbildungsstand) neben ihnen. In der Mitte steht ein Spielleiter, der die Einhaltung der Regeln überwacht.

Der »Fuchs« startet

Der erste »Fuchs« (muss vorher ausgelost werden) hat einen kleinen Gegenstand und geht mit seinem Hund neben sich außen um den Kreis herum. Hinter einem beliebigen Mitspieler lässt er den Gegenstand möglichst unauffällig fallen und geht weiter. Sobald dies von dem jeweiligen Menschen bemerkt wird, nimmt dieser den

Gegenstand auf und läuft mit seinem Hund hinter dem »Fuchs« her und versucht, ihn einzuholen.
Wenn der »Fuchs« eingeholt wird, bekommt er den Gegenstand und muss es nochmals versuchen. Erreicht aber der »Fuchs« die neu entstandene Lücke im Kreis, bevor er eingeholt wird, ist der Träger der neue »Fuchs«und muss nun weitermachen.

Vorsicht

Schritttempo einhalten!
Es ist nur Schritttempo erlaubt, keinesfalls darf gerannt werden. Sonst wird es nur eine hektische Zerrerei, die vielleicht den Menschen, in den seltensten Fällen aber den Hunden Spaß macht.

Der Fuchs geht um!
Ob er's wohl merkt?

Sprünge über Hunde

Voraussetzungen und Hilfsmittel

Der »Springer« sollte das Hörzeichen HOPP schon gut kennen und gerne befolgen. Die »Hindernishunde« müssen sich gut mit allen anderen Beteiligten vertragen und sehr gut kennen und natürlich die Hörzeichen PLATZ oder STEH zuverlässig befolgen.

Schritt 1: Der »Hindernishund« liegt im Platz

Beginnen Sie damit, dass der »Hindernishund« im Platz liegt. Nun laufen Sie mit dem angeleinten »Springer« langsam an ihm vorbei und ermuntern ihn, darüber zu hüpfen. Rennen Sie nicht, da der liegende Hund sonst womöglich Angst bekommt, dass Sie auf ihn treten. Eventuell kann der »Springer« auch ins SITZ vor den liegenden Hund gesetzt werden. Rechts und links von dem liegenden Hund steht ein Mensch oder ein Karton etc.

Falls der liegende Hund unsicher wird, sollte jemand bei ihm knien und ihn während des Liegens loben und eventuell mit Leckerchen füttern. Dies geht allerdings nur, wenn

Willi und Red: ein erprobtes Team!

der Springer nicht so verfressen ist, dass er mitten im Sprung abbricht und sich womöglich noch mit dem anderen Hund um das Leckerchen streitet.

Variante zu Schritt 1

Einfacher wird es, wenn Sie ein Agility-Hindernis haben und der »Springer« diese Hindernisse gewohnt ist. Legen Sie den anderen Hund ins PLATZ und bauen das Hinder-

Red nimmt Anlauf und springt über Willi.

Dieser nimmt es ganz gelassen.

nis über ihm auf. Eine Stange sollten Sie nur verwenden, wenn Sie auch sicher sind, dass die Stange nicht gerissen wird. Als nächstes lassen Sie einen der Ständer weg und dann den anderen. Gehen Sie nicht zu schnell vor und sparen Sie nicht mit Lob. Üben Sie nicht so lange, bis die beteiligten Hunde (insbesondere der liegende Hund) den Spaß an der Sache verlieren. Lassen Sie den liegenden Hund zwischendurch immer wieder aufstehen und kurz toben, damit er eventuell entstehende Spannungen abbauen kann.

Schritt 2: Der »Hindernishund« steht

Kann der »Hindernishund« zuverlässig STEH, sieht die Übung spektakulärer aus. Sollte die Übung mit PLATZ schon gut (auch ohne Hindernisüberbau) klappen, sollten Sie beim STEH zumindest die Ständer wieder verwenden.

Wenn Willi steht, ist er ganz schön hoch!

Doch Red fliegt über ihn hinüber.

Schritt 3: Sprung über mehrere Hunde

Möchten Sie mehrere Hunde überspringen lassen, müssen Sie die Übung erst mit jedem einzelnen Hindernishund üben. Erst wenn dies gut klappt, können Sie mehrere Hunde verwenden.

Zirkusreife Leistungen

Spektakulär wird es natürlich, wenn ein Hund mehrere Hunde auf einmal überspringt. Von der Sprungkraft her ist dies für die meisten gerne springenden Hunde kein Problem. Schwieriger wird es für die Hindernishunde, dicht nebeneinander stehen zu bleiben. Mit viel Geduld ist es allerdings auch möglich.

Eine besonders schöne Variante ist es, wenn der Springer sich am Ende der Reihe einreiht und der letzte stehende Hund nun die anderen Hunde überspringt usw.

Die Reise nach Jerusalem

Voraussetzungen und Hilfsmittel

Bei diesem Klassiker gibt es viele Variationsmöglichkeiten, die gut dem individuellen Ausbildungsstand der Gruppe angepasst werden können:
Es kann auch ohne Stühle gespielt werden, aber natürlich auch ganz klassisch mit! Die Variante mit Stühlen ist gut geeignet für Hunde, die noch nicht so weit sind, dass sie in der Hektik SITZ oder PLATZ zeigen können.

Spielanleitung

Alle Hundebesitzer gehen im Kreis (je nach Ausbildungsstand sind die Hunde angeleint oder nicht). Die Spielleitung bedient die Musik. Hört die Musik auf, müssen

- alle Hunde sitzen oder
- alle Hunde liegen oder
- alle Hunde sitzen und die Menschen sitzen ihnen gegenüber im Schneidersitz. Diese Variante ist nur geeignet, wenn ungefähr alle menschlichen Beteiligten gleich sportlich – oder gleich unsportlich – sind.

Hört die Musik auf, sucht sich jeder schnell einen Platz an den Kärtchen.

Variante

Wenn keine Musik vorhanden ist, kann der Spielleiter auch SITZ oder PLATZ rufen. Schwieriger wird es, wenn man anstelle von SITZ oder PLATZ andere Wörter verwendet (deren Bedeutung natürlich vorher vereinbart wird) oder die Bedeutung von SITZ und PLATZ vertauscht wird.
Wenn man Wettbewerbscharakter einführen möchte, scheidet derjenige aus, der die Übung als letzter ausführt.

Ich glaube, das wird ...

... mein erklärtes Lieblingsspiel!

Futterbälle

Natürlich sind viele Tricks sehr zeitaufwändig und nicht immer hat man die nötige Zeit und Geduld dazu. Es gibt aber noch viel mehr Möglichkeiten, unterforderte Hunde zu beschäftigen.

Eine wunderbare Möglichkeit sind sog. Futterbälle, die es mittlerweile in vielen Variationen gibt.
Sie erhalten im Handel große und kleine Bälle, Würfel oder Biskuitbälle, mit und ohne Quietschfunktion. In diese Bälle werden Leckerchen (Trockenfutter) gefüllt, die beim Umherrollen Stück für Stück herausfallen. Bei den komfortableren Modellen kann die Öffnung sogar verstellt werden.

Wo sind nur die Leckerchen?

Willst du wohl endlich rauskommen!

Spielt Ihr Hund das erste Mal damit, machen Sie die Öffnung ganz weit, damit viele Futterbröckchen herausfallen und Ihr Hund ein Erfolgserlebnis hat.
Die Biskuitbälle haben sogar mehrere verschieden große Öffnungen und sind dazu gedacht, größere Hundekekse oder Kauknochen hineinzustecken. Hier muss der Hund daran nagen und versuchen, die Knochen herauszubekommen. Diese Bälle sind sehr gut für die Wohnung geeignet.

Tipp

Auf glatten Böden machen die meisten Modelle einen Heidenlärm! Bodenvasen und Glasvitrinen sind ebenfalls stark gefährdet! Die »ruhigste« Variante ist der Würfel (da er nicht so viel Tempo bekommt) auf Teppichboden. Ansonsten muss man eventuell in den Garten oder Hof ausweichen.

Adressen und Bücher

Hundeschule Aschaffenburg
Petra Führmann & Iris Franzke GbR
Elsässer Str. 6
63739 Aschaffenburg
Tel.: 0 60 21/2 01 56
Info@hundeschule-ab.de
www.hundeschule-ab.de

Hunde-Akademie
Perdita Lübbe
Goethestr. 27
64347 Griesheim
Tel.: 0 61 55/44 34
Info@hundeakademie.de
www.hundeakademie.de

Hundeschule Waldblick
Waldhausstr. 2
91180 Heideck
Tel.: 0 91 77/9 06 72

Gesellschaft für Haustierforschung e.V.
Eberhard Trumler Station
Wolfswinkel 1
57587 Birken-Honigsessen
Tel.: 0 27 42/67 46
Fax: 0 27 42/85 23
www.gfhwolfswinkel.de

Zum Weiterlesen

Bloch, Günther: **Der Wolf im Hundepelz**. Stuttgart 2004.

Führmann, Petra und Nicole Hoefs: **Erziehungsspiele für Hunde**. Stuttgart 2002.

Führmann, Petra und Nicole Hoefs: **Das Kosmos-Erziehungsprogramm für Hunde**. Stuttgart 1999.

Führmann, Petra und Iris Franzke: **Erziehungsprobleme beim Hund**. Stuttgart 2004.

Lind, Ekard: **Mensch-Hund-Harmonie**. Stuttgart 2003.

Lind, Ekard: **Richtig spielen mit Hunden**. Stuttgart 2004.

Niepel, Gabriele: **Welpenspielstunde**. Cham 2001.

Pietralla, Martin: **ClickerTraining für Hunde**. Stuttgart 2000.

Pietralla, Martin und Barbara Schöning: **ClickerTraining für Welpen**. Stuttgart 2002.

Schöning, Barbara: **Hundeverhalten**. Stuttgart 2001.

Schöning, Barbara; Nadja, Steffen und Kerstin Röhrs: **Hundesprache**. Stuttgart 2004.

Theby, Viviane und Michaela Hares: **Agility**. Stuttgart 2003.

Raeber, Dr. Hans: **Vom Wolf zum Rassehund**. Mürlenbach 1999.

Rauth-Widmann, Brigitte: **Mit Hunden spielen**. Stuttgart 2005.

Weber, Nicole: **Dog Dancing**. Stuttgart 2004.

Wegmann, Angela und Wilfried Heines: **Such und Hilf!** Mürlenbach 1989.

Winkler, Sabine: **Hundeschule leicht gemacht**. Stuttgart 2004.

Winkler, Sabine: **So lernt mein Hund**. Stuttgart 2005.

Zvolsky, Norma: **Die Kosmos-Retrieverschule**. Stuttgart 2002.

Register

Impressum

Bildnachweis

Mit Farbfotos von Thomas Höller/Kosmos (2: S. 18) und Karl-Heinz Widmann/Kosmos (3: S. 19, 49).
Alle weiteren 76 Farbfotos von Christof Salata/Kosmos.

Impressum

Umschlaggestaltung von eStudio Calamar unter Verwendung von drei Farbfotos von Christof Salata/Kosmos.

Mit 81 Farbfotos.

Alle Angaben in diesem Buch erfolgen nach bestem Wissen und Gewissen. Sorgfalt bei der Umsetzung ist indes dennoch geboten. Verlag und Autorinnen übernehmen keinerlei Haftung für Personen-, Sach- oder Vermögensschäden, die aus der Anwendung der vorgestellten Materialien und Methoden entstehen können.

Unser gesamtes lieferbares Programm und viele weitere Informationen zu unseren Büchern, Spielen, Experimentierkästen, DVDs, Autoren und Aktivitäten finden Sie unter **www.kosmos.de**

Gedruckt auf chlorfrei gebleichtem Papier

ISBN 978-3-440-09482-2
Redaktion: Hilke Heinemann
Gestaltungskonzept: eStudio Calamar
Printed in The Czech Republic/Imprimé en République Tchèque

Praktische Erziehungstipps

- Hunde erfolgreich erziehen – Tipps, Checklisten und detaillierte Übungspläne zu jedem Kommando
- Moderne Grunderziehung für Welpen und erwachsene Hunde
- Spiel und Sport mit dem Hund

Hoefs/Führmann
Das Kosmos Erziehungs-programm für Hunde
256 Seiten, 400 Abbildungen
€/D 26,90; €/A 27,70; sFr 48,10
Preisänderung vorbehalten
ISBN 978-3-440-10638-9

Die DVD zum Buch!
DVD-Video ca. 45 Min.
ISBN 978-3-440-10816-1
€/D 34,90 unverbindl. Preisempfehlung

www.kosmos.de